El ferrocarril
TRANSCONTINENTAL

ESCRITO POR ERIC KRAFT
ADAPTADO POR MÓNICA VILLA

TABLA DE CONTENIDO

La necesidad

Era la década de 1850. Poco tiempo antes se había descubierto oro en California y las personas querían ir para probar su suerte y encontrar un poco de ese metal. El Ejército de los Estados Unidos quería transportar hombres y materiales para luchar contra los indígenas norteamericanos y tomar posesión de la tierra del Oeste en nombre del nuevo país. Muchas personas querían mudarse al oeste a reclamar la tierra que el gobierno les ofrecía gratis si la colonizaban y la cultivaban. Cada vez era mayor la presión para construir un ferrocarril que atravesara el país.

En esa época, los ferrocarriles que iban al Oeste sólo llegaban hasta los ríos Mississippi y Missouri. Pero los Estados Unidos se extendían más allá, al otro lado de las Grandes Llanuras, las montañas Rocosas y la Sierra Nevada hasta llegar al océano Pacífico.

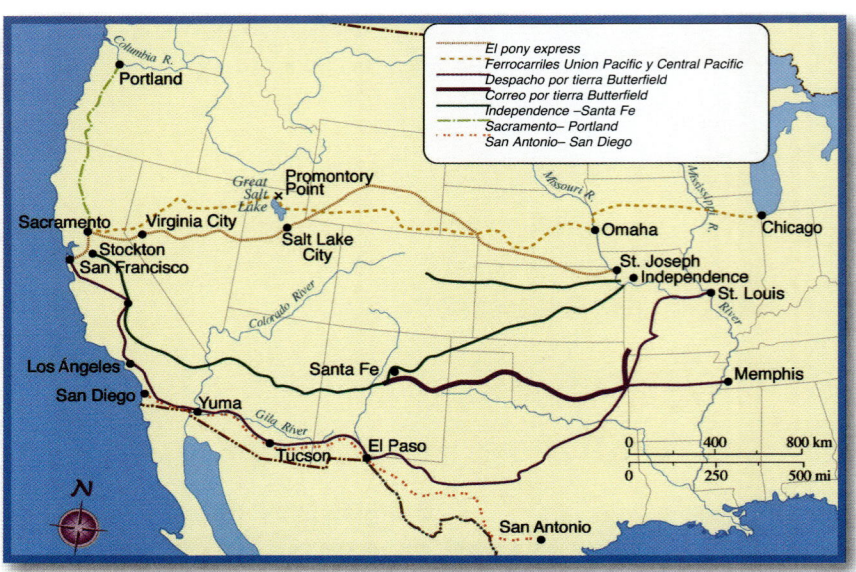

El pony express
Ferrocarriles Union Pacific y Central Pacific
Despacho por tierra Butterfield
Correo por tierra Butterfield
Independence –Santa Fe
Sacramento– Portland
San Antonio– San Diego

▲ En 1850, eran pocas las rutas terrestres por las que se podía viajar. Para 1870, ya existían estas principales rutas de ferrocarril y diligencias.

Los ferrocarriles eran el medio de transporte más moderno de la época. Eran más rápidos, más cómodos y más confiables que cualquier otro medio disponible.

Sin un ferrocarril que los llevara a California, los viajeros podían escoger entre tres rutas, todas largas y peligrosas. Podían navegar por barco alrededor de Sudamérica. Era un viaje que se hacía con un clima tormentoso y en aguas agitadas.

Podían navegar por barco hasta Panamá. Allí, atravesaban el país en canoa, mula, a caballo o a pie. Luego tenían que abordar un barco para llegar a California. El peligro de contraer una enfermedad siempre estaba presente.

La tercera opción era la ruta terrestre que cruzaba los Estados Unidos. Los caminos eran peligrosos y el clima descontrolado. El peligro de contraer enfermedades o ser atacados por los indígenas norteamericanos era constante.

¡ES UN HECHO!

Los barcos que daban la vuelta por la punta de Sudamérica se tardaban seis meses en llegar de la costa Este a la costa Oeste. La ruta hasta Panamá, a través de Panamá y luego el viaje en barco a California tomaba unas ocho semanas. La ruta terrestre variaba, dependiendo del camino que siguieran los viajeros. Cinco meses para completar la ruta de Oregón se consideraba un buen tiempo.

Una vez que se terminó de construir el ferrocarril Transcontinental, el viaje de Nueva York a San Francisco tomaba sólo siete días.

Océano Atlántico

Océano Pacífico

N · O · E · S

ruta de Sudamérica

ruta de Panamá

ruta terrestre

Para 1861, ya existía una gran necesidad de un ferrocarril que cruzara el país. El presidente Abraham Lincoln estaba ansioso por construir el ferrocarril. También los hombres de negocios lo querían. Si tantas personas apoyaban la construcción de un ferrocarril **transcontinental**, ¿por qué no se construía?

Para construir un ferrocarril que cruzara el país, se necesitaba la aprobación del Congreso. Gran parte de la tierra que sería utilizada pertenecía al gobierno federal.

Los estados del Norte discutían con los estados del Sur sobre la ruta que debería seguir el ferrocarril. El ferrocarril traería consigo un gran desarrollo económico, así que los estados del Norte querían que siguiera una ruta por el norte y los del Sur querían que corriera por el sur. El Congreso no se ponía de acuerdo para llegar a un **compromiso**.

Antes de la construcción del ferrocarril, el correo más rápido iba por pony express (izquierda). Los viajeros iban al oeste en carretas (abajo izquierda) o en diligencias (abajo derecha).

✔ ¡Revísalo!

Imagínalo
Vuelve a leer la página 4 e identifica el problema entre el Norte y el Sur.

También existían fuertes diferencias sociales, económicas y políticas entre el Norte y el Sur. La esclavitud era la base de esas diferencias.

La economía del Sur se basaba principalmente en la agricultura. Para la agricultura, el Sur dependía en gran medida de sus 4 millones de esclavos negros. Como los esclavos eran tan importantes para su economía, el Sur estaba comprometido a continuar con la práctica de la esclavitud.

El Norte había desarrollado más industrias manufactureras. También era el hogar de la mayoría de los bancos nacionales más importantes. Cuando, en 1860, Abraham Lincoln resultó electo presidente, se opuso a la propagación de la esclavitud. Los estados del Sur decidieron la separación o **secesión** de la Unión. A los pocos meses, el Norte y el Sur estaban en guerra.

▲ Al principio de la Guerra Civil, los Estados Unidos estaban divididos por el tema de la esclavitud.

Con la secesión de los estados del Sur, ya no quedaron votos en el Congreso a favor de una ruta de ferrocarril que corriera por el Sur. En 1862, el Congreso autorizó la construcción del Ferrocarril Central Pacific partiendo de Sacramento, California, hacia el este y del ferrocarril Union Pacific partiendo de Omaha, Nebraska hacia el oeste.

Muchas de las rutas planeadas seguían la vieja ruta de los pioneros.

Equipos encabezados por **topógrafos** habían descubierto las dos rutas que el ferrocarril seguiría. Grenville Dodge trazó en mapa la ruta del Union Pacific. Theodore Judah encontró una ruta para el Central Pacific que partía de San Francisco y cruzaba la cordillera de la Sierra Nevada.

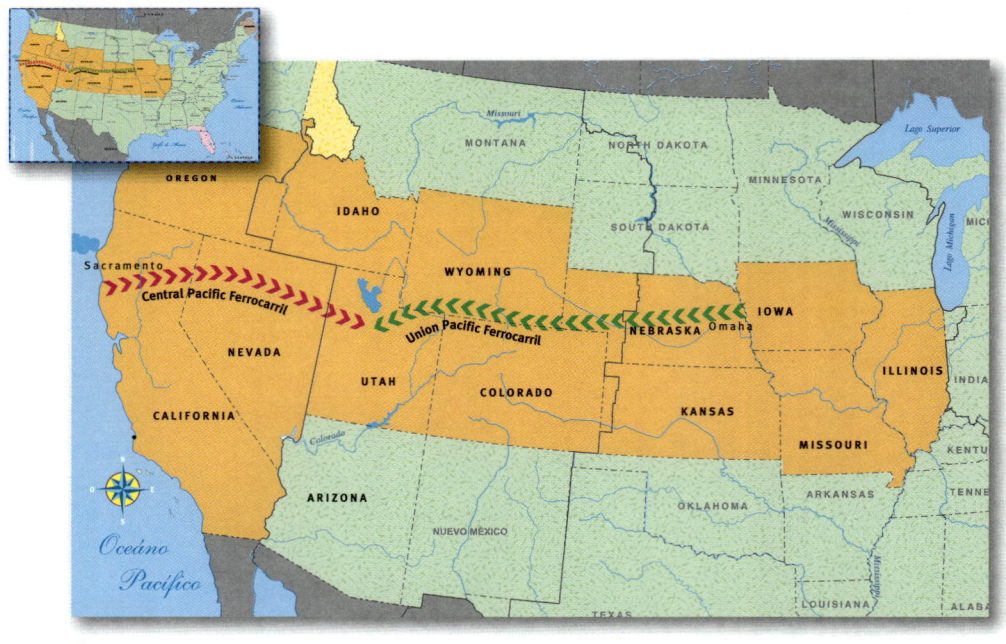

El ferrocarril Central Pacific se dirigiría al este desde Sacramento, California. El ferrocarril Union Pacific sería construido desde Omaha, Nebraska, hacia el oeste.

Para la construcción del ferrocarril Transcontinental se necesitaba mucho dinero. El gobierno federal estaba dispuesto a cooperar. El Congreso aceptó prestar a los ferrocarriles $16,000 (cerca de $208,000 dólares actuales) por cada milla de rieles que pusieran en tierra plana, $32,000 ($416,000) por cada milla de rieles que colocaran en las mesetas y $48,000 ($624,000) por cada milla de rieles que colocaran en las montañas. El gobierno también les daría a los ferrocarriles 6,400 acres de tierra por cada milla de rieles que colocaran. Los ferrocarriles podían vender esta tierra o hacer lo que quisieran con ella.

¡ES UN HECHO!

Grenville Dodge

Theodore Judah

Grenville Dodge trazó personalmente la ruta que seguiría el Union Pacific desde Omaha, a través del Valle Platte, por las Rocosas hasta el lago Great Salt en Utah. Años después, Dodge se convirtió en el ingeniero en jefe de la Union Pacific.

Theodore Judah trazó personalmente la ruta que el Central Pacific seguiría a través de las montañas de Sierra Nevada. Acampó durante meses en las condiciones más difíciles mientras buscaba el mejor paso por las montañas. Después de hacer la medición pasó varios años tratando de convencer al gobierno de que el ferrocarril debería construirse.

Los obstáculos

Ambos ferrocarriles tuvieron que enfrentar muchos problemas. El costo sería enorme. Tendrían que cruzar las cordilleras más altas del continente. Tendrían que trabajar en las tormentas invernales y en el calor del desierto.

El trabajo en el Central Pacific comenzó en 1863, pero fue un inicio muy lento. La ruta hacia el este desde Sacramento entraba casi inmediatamente en la cordillera de la Sierra Nevada. Los trabajadores tenían que escalar las montañas. No podían escalar en línea recta porque la **pendiente**, o el declive de los carriles, sería demasiado abrupto. Ninguna **locomotora** podría subirlo. Como resultado, sólo se colocaron 50 millas de rieles en los primeros dos años.

▲ una imagen de Sacramento, California, cuando comenzó el trabajo en el Central Pacific

El Union Pacific comenzó sus labores en 1865. Los trabajadores empezaron a construir sobre el terreno plano de las Grandes Llanuras. Limpiaban la tierra, nivelaban y colocaban los rieles mucho más rápido que en las áreas montañosas. Pero les esperaban las montañas Rocosas, casi al final de su trabajo.

El ferrocarril colocaba rieles sobre las tierras de los indígenas norteamericanos. Los cocineros de la compañía mataban búfalos para alimentar a las cuadrillas de trabajadores.

Esto molestó a los indígenas norteamericanos, quienes dependían de los búfalos para su comida, ropa y herramientas.

Los indígenas norteamericanos también se oponían al hecho de que la línea del ferrocarril partiera en dos las tierras de pastoreo de los búfalos. El ferrocarril destruiría de muchas maneras el estilo de vida de los indígenas norteamericanos. Así que los indígenas atacaban a las cuadrillas, quemaban sus provisiones y destrozaban los rieles.

¡ES UN HECHO!

Cuando el trabajo en el ferrocarril comenzó en 1863, vivían unos 60 millones de búfalos en las Grandes Llanuras. Los colonizadores y las cuadrillas del ferrocarril mataron muchos búfalos sólo por diversión, por su piel y a veces para comida. Para finales del siglo XIX quedaban menos de 1,000 búfalos.

Esta ilustración de 1862 muestra la cacería de búfalos, una parte importante de la vida de los indígenas norteamericanos de la pradera.

Tanto el Central Pacific como el Union Pacific tuvieron que luchar contra el clima. En la primavera, las lluvias e inundaciones destruían los puentes y secciones de los rieles. Los inviernos eran aún peores. En las llanuras y en las montañas, los fuertes vientos y la nieve enterraban los rieles a tal profundidad que ni las locomotoras más grandes podían pasar.

En las montañas había un peligro adicional: las **avalanchas**. Una avalancha es el hundimiento repentino y derrumbe de nieve acumulada. El Central Pacific terminó por construir cobertizos sobre los carriles para protegerlos de las avalanchas. Aunque los cobertizos eran de madera podían soportar el peso de la nieve. Uno de esos cobertizos medía 28 millas de largo.

La nieve hizo más lento el trabajo y amenazó el tráfico normal del ferrocarril. ▼

Un problema al que se enfrentaron las dos compañías fue la forma de transportar el equipo necesario, aunque fue especialmente difícil para la Central Pacific. Casi todas sus provisiones tenían que llegar en barco desde la costa Este, rodeando Sudamérica hasta llegar a California. Era una ruta larga y peligrosa para los pesados rieles, la pólvora que se usaba para barrenar túneles por las montañas y las varias locomotoras y vagones.

✔️ **¡Revísalo!**

Imagínalo
Vuelve a leer la página 10. Cierra tus ojos y visualiza los rieles del ferrocarril con un cobertizo encima. Haz un dibujo de lo que ves y compártelo con un amigo.

▲ Las piezas de locomotoras que venían del Este llegaban en barco de vapor al embarcadero del Central Pacific en Sacramento. Cuando el barco llegaba a puerto, las vigas y los rieles se desembarcaban en el muelle.

Al principio, el trabajo del Union Pacific que se construía de este a oeste fue más sencillo. Una vez que se colocaban los rieles, los podían usar para transportar las provisiones. Aún así, fue un trabajo monumental. La compañía no sólo tenía que construir un ferrocarril, tenía que dar casa y comida a todos sus trabajadores.

Conforme el ferrocarril se internaba en zonas despobladas, era necesario transportar las provisiones y los trabajadores.

Era como si una ciudad de 10,000 trabajadores cruzara lentamente los Estados Unidos cargando todas sus pertenencias.

Al principio, las condiciones eran más favorables para el Union Pacific que para el Central Pacific. Como la ruta del Union Pacific cruzaba las llanuras y las montañas por amplios pasos, el Union Pacific pudo colocar sus rieles más rápido que el Central Pacific.

▼ Los trabajadores del ferrocarril vivían en condiciones similares a campamentos de un extremo al otro del ferrocarril.

Los trabajadores del Central Pacific tuvieron que barrenar las montañas de granito en la cordillera de la Sierra Nevada para construir 15 túneles. A veces, sólo lograban avanzar ocho pulgadas al día, mientras que el Union Pacific se adelantaba varias millas por día.

El Central Pacific también tenía problemas para mantener a sus trabajadores. Los hombres se incorporaban a las cuadrillas pero se quedaban sólo el tiempo suficiente para llegar a los campos de oro de California. O trabajaban sólo el tiempo necesario para ganar el dinero que necesitaban para comprar provisiones y luego se iban en busca de oro.

Ambas compañías decidieron construir lo más rápido posible en lugar de hacer un trabajo perfecto. Después arreglarían o sustituirían lo que era necesario arreglar o sustituir. Pero primero era necesario construir el ferrocarril.

✔ ¡Revísalo!

Piénsalo

Cuando se construyó el túnel de ferrocarril debajo del Canal de la Mancha en la década de 1990, 11 enormes excavadoras hicieron el trabajo de excavación. Estaban dirigidas por rayos láser para asegurarse de que mantuvieran el curso correcto.

Los 15 túneles que construyó el Central Pacific se excavaron a mano. Durante un tiempo intentaron usar una pala de vapor, pero no funcionó. Los trabajadores excavaron el túnel Summit en la Sierra Nevada justo al noroeste del lago Tahoe, partiendo de ambos extremos. Cuando se encontraron a medio camino, ¡sólo se habían desviado tres pulgadas!

¿Cuál es el propósito del autor al incluir el primer párrafo?

Los trabajadores

Durante el momento de más intenso trabajo de construcción cerca de 20,000 personas trabajaban en el ferrocarril Transcontinental. Al principio del proyecto la gran mayoría de trabajadores del Union Pacific eran **inmigrantes** irlandeses. Más tarde se incorporaron alemanes, ingleses y mexicanos. Estos inmigrantes habían abandonado sus hogares nativos en busca de una vida mejor en los Estados Unidos. Cuando terminó la Guerra Civil, los veteranos de guerra y antiguos esclavos se unieron a las cuadrillas de trabajadores.

Los dueños de las compañías eran descuidados cuando se trataba de pagar a los trabajadores. No era raro que muchos hombres se quedaran sin paga durante un largo periodo. Mientras tanto, los dueños hacían sus fortunas debido a los préstamos y las concesiones de tierra por parte del gobierno.

▲ Los administradores tenían que organizar el trabajo de grandes cuadrillas de trabajadores a lo largo de cada línea del ferrocarril.

Los trabajadores del Union Pacific vivían en vagones. Conforme el ferrocarril avanzaba hacia el oeste, la compañía levantaba campamentos de provisiones cada 70 millas. Algunos de estos campamentos se convirtieron en ciudades que conocemos hoy en día, como Cheyenne y Laramie, Wyoming. Los campamentos de provisiones solían ser lugares violentos y sin ley, sin gobierno, policía o juzgados.

👉 ¡ES UN HECHO!

En el territorio de Wyoming, el Union Pacific estableció un almacén donde Grenville Dodge había acampado mientras hacía mediciones. Dodge le puso Cheyenne por los indígenas norteamericanos que habitaban la zona. Cuando la construcción llegó adonde vivían los Cheyenne el 13 de noviembre de 1867, la población aumentó de cero a 4,000. Cuando el ferrocarril pasó al siguiente almacén de provisiones, en Laramie, casi toda la población se mudó. Eventualmente, Cheyenne se convirtió en la capital de Wyoming.

▲ Los campamentos de provisiones como éste a veces se convertían en pueblos y ciudades.

Los primeros equipos de trabajadores eran las cuadrillas de topógrafos. Iban antes de los encargados de colocar los rieles para marcar la ruta que el ferrocarril tenía que seguir. Eran como exploradores que acampaban al aire libre.

Después de los topógrafos, seguían los equipos encargados de nivelar. Ellos nivelaban la tierra y le daban la inclinación necesaria para que las locomotoras pudieran correr por los rieles.

Trabajaban con picos, palas y carretillas para quitar las cimas de las colinas y llenar los valles, dejando parejo y a nivel el terreno disparejo.

Después de los encargados de nivelar, seguían las cuadrillas que ponían las **traviesas** en su lugar. Las traviesas eran piezas cruzadas que sostenían los rieles de acero. Cuando podían, estos equipos cortaban los árboles y formaban las traviesas en donde estaban.

▲ Este campamento de construcción del ferrocarril Central Pacific se levantó en 1869 en Utah. Fue el hogar de varias cuadrillas de trabajadores.

Las últimas cuadrillas eran las encargadas de colocar los rieles. Una carreta jalada por caballos con los rieles venía rapidamente por los rieles que ya estaban colocados. Mientras se acercaba, los hombres de las cuadrillas de rieles sacaban los rieles de ambos lados de la carreta, corrían hacia delante y los colocaban en su lugar. Luego, corrían de regreso por más rieles. Otros hombres se apresuraban a colocarse en posición para golpear los clavos dentro de los rieles y así sujetarlos en las traviesas. Para cuando estos hombres terminaban de poner todos los clavos, los cargadores de rieles ya habían puesto los siguientes rieles en su lugar.

Nuevamente, todos corrían hacia adelante a la siguiente posición y el proceso se repetía. Los trabajadores llamaban al sonido de los martillos cuando golpeaban los rieles de acero el "Coro de los yunques".

▲ Los trabajadores clavaron a mano cada clavo de forma similar a como lo hace un trabajador moderno de ferrocarriles.

¡Revísalo!

Coméntalo

Muchos trabajadores resultaron heridos y muchos murieron durante la construcción del ferrocarril. Nadie sabe la cantidad exacta porque las compañías de ferrocarril no guardaban el registro de los accidentes. Comenta con un compañero del grupo acerca de los peligros a los que se enfrentaban los trabajadores.

El Central Pacific tuvo que enfrentarse al problema de los trabajadores que desertaban para irse a los campos de oro y contrató inmigrantes chinos. Eventualmente, casi 9,000 de los 10,000 trabajadores del Central Pacific eran chinos. La mayoría ya vivían en California. Habían llegado allí por la misma razón que muchas otras personas: esperaban hacer su fortuna en los campos de oro. Sin embargo, las leyes de California **discriminaban** a los chinos, evitando que pudieran hacer tanto dinero como los otros cateadores de oro. Por lo tanto, necesitaban trabajar en el ferrocarril. Los trabajadores chinos fueron los encargados de barrenar las montañas para colocar los rieles. Para barrenar, taladraban agujeros en el granito y los llenaban con pólvora.

Los trabajadores chinos fueron los encargados de excavar casi todos los túneles del Central Pacific. Anteriormente habían ayudado a construir los ferrocarriles California Central y San José. ▼

Taladraban los agujeros para la pólvora a mano porque no tenían barrenadoras mecánicas. Un trabajador sostenía la broca contra la piedra y otro golpeaba la broca con un pesado martillo de acero. Muchos trabajadores perdieron sus dedos o manos cuando el martillo no atinaba a la broca.

En ocasiones, era necesario bajar al trabajador por la cara del acantilado en una canasta. Metía la pólvora negra dentro del acantilado y la encendía. Luego tenían que jalarlo de regreso antes de que explotara.

Los trabajadores del Union Pacific primero colocaban una milla de rieles al día sobre terreno plano. Después lograron colocar hasta ocho millas al día. Cuando los trabajadores del Central Pacific pasaron la Sierra Nevada y llegaron a terreno plano, pusieron un récord de 10 millas de rieles en un solo día. Todo se hizo a mano.

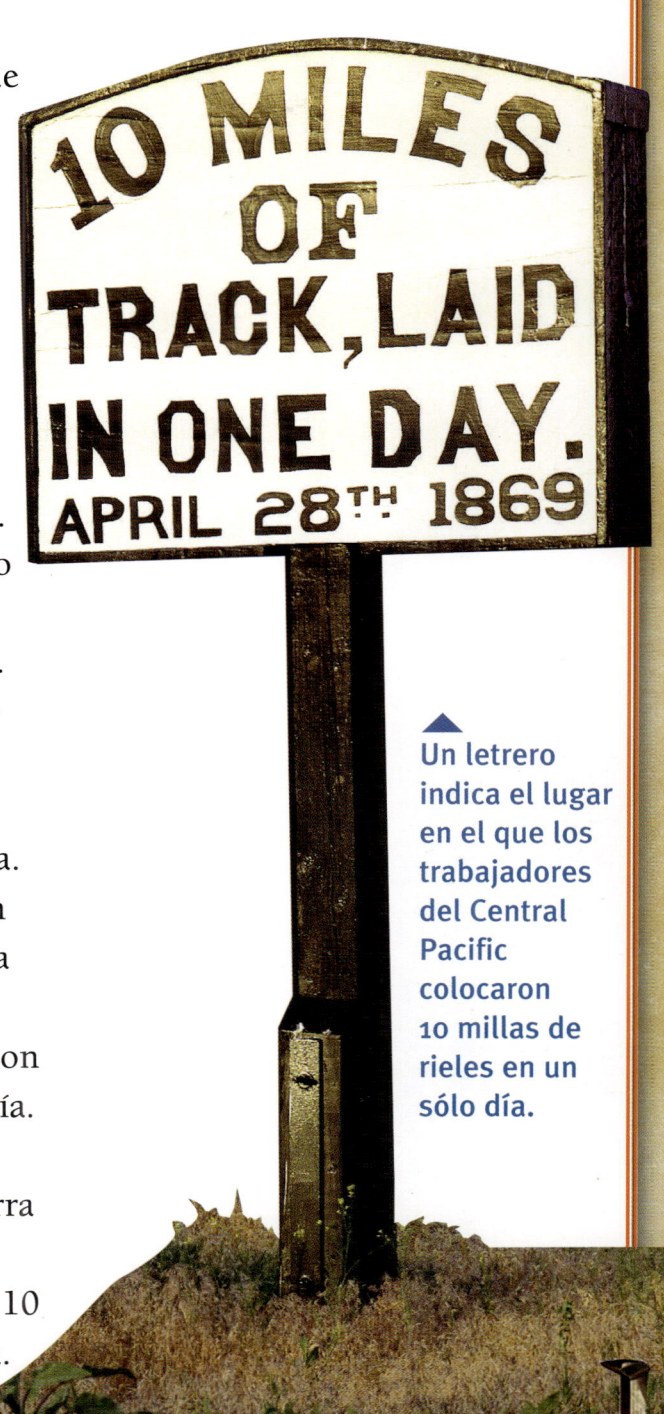

▲ Un letrero indica el lugar en el que los trabajadores del Central Pacific colocaron 10 millas de rieles en un sólo día.

El clavo de oro

Originalmente, el Congreso había ordenado al Central Pacific que dejara de colocar rieles en el límite entre California y Nevada, donde se juntaría con el Union Pacific. Después, el Congreso cambió su decisión y permitió que el Central Pacific siguiera avanzando hacia el este hasta que se encontrara con el Union Pacific.

¡Así empezó la carrera para ver quién ponía más rieles y obtenía más dinero y tierra!

Los periódicos reportaban sobre lo que ocurría y las personas lo seguían con emoción.

Topógrafos de cada ferrocarril ya habían marcado el lugar en el que se debería colocar la vía. Los niveladores que los seguían trabajaban tan rápido como podían para preparar el camino para los rieles. Desafortunadamente, el Congreso no había indicado con precisión

el

lugar en que los dos ferrocarriles deberían encontrarse.

Así que las cuadrillas de niveladores se encontraron pero siguieron nivelando cientos más de millas. Como nadie sabía cuál compañía colocaría más rápido la vía, cada equipo de niveladores quería tener el nivelado hecho por si su compañía ganaba.

El Congreso se dio cuenta de que esto era una pérdida de esfuerzo y dinero. Así que decidió que los dos conjuntos de carriles deberían encontrarse en Promontory Point, Utah.

Con su interés en la rapidez, el Union Pacific construyó sus puentes de madera con la idea de cambiarlos por acero al terminar la construcción del ferrocarril. ▼

¡ES UN HECHO!

En 1863, cuando empezaba el trabajo en el ferrocarril, George Pullman diseñó un vagón dormitorio. Tenía asientos que se extendían y se convertían en camas, o literas. Arriba se sacaban otras literas de la pared. En 1867 Pullman fundó la Compañía de vagones Pullman Palace que construyó vagones para dormir y comer.

El 10 de mayo de 1869, las máquinas de los dos ferrocarriles se encontraron en Promontory Point. Se acercaron tanto que se tocaron.

Júpiter, la máquina del Central Pacific, era una locomotora que quemaba madera como combustible. Casi todas las máquinas del Central Pacific quemaban madera porque había mucha en los bosques a lo largo de la ruta del Central Pacific. La máquina 119 del Union Pacific quemaba carbón. Se encendía con carbón del este que el Union Pacific fácilmente transportaba en su ferrocarril conforme se dirigía al oeste. Le hubiera costado una fortuna al Central Pacific transportar ese carbón por barco hasta la costa Oeste.

La competencia terminó cuando se encontraron los rieles de los dos ferrocarriles. El Central Pacific había colocado 689 millas de rieles. El Union Pacific había colocado 1,086 millas de rieles.

El gobernador de California, Leland Stanford, para celebrar la terminación del ferrocarril, planeó clavar un clavo de oro en las traviesas donde se juntarían los dos ferrocarriles. Los ingenieros habían atado un cable de telégrafo al clavo. Cuando el martillo golpeara el clavo, el sonido llegaría hasta Nueva York, San Francisco y todos los pueblos y las ciudades que estaban en el camino. Toda la nación se enteraría del suceso en el momento preciso en el que ocurriera.

¡Misión cumplida! El 10 de mayo de 1869, se colocó el último riel y se clavó el clavo de oro en Promontory Point, Utah. ▼

▲ El clavo de oro sería clavado en las traviesas en el lugar en que los ferrocarriles del Union Pacific y del central Pacific se encontraran en Promontory Point, Utah.

Stanford usó un martillo especial de plata para golpear el clavo de oro pero ¡falló! En su lugar, golpeó el riel. Pero el sonido se transmitió por toda la línea del telégrafo y toda la nación lo aplaudió.

De costa a costa, todos festejaron. En las iglesias y en los ayuntamientos sonaron las campanas. Hasta la Campana de la libertad se escuchó. Por supuesto que fue tañida con gran cuidado porque ya tenía una rajadura. Nadie quería que se rompiera más.

El clavo de oro realmente era de oro. En su cabeza se grabaron las palabras "EL ÚLTIMO CLAVO". Después de la ceremonia, retiraron el clavo y en su lugar pusieron un clavo normal. En la actualidad, el clavo de oro se exhibe en Stanford University en Palo Alto, California.

✔ ¡Revísalo!

Escríbelo

Cuando Stanford trató de golpear el clavo de oro, falló. Escribe cuál crees que pudo ser su reacción. Comparte tus ideas.

Años antes, cuando los trabajadores del Central Pacific estaban a punto de colocar el primer clavo, uno de los dueños quiso festejar la ocasión. Otro dueño, Collis Huntington, le aconsejó que no lo hiciera. "Si quieres festejar el primer clavo", le escribió, "hazlo. Yo no lo haría. Esas montañas que están enfrente se ven demasiado desagradables (difíciles) . . . Cualquiera puede poner el primer clavo, pero faltan muchos meses de trabajo y dificultades entre el primero y el último clavo".

Tuvo razón acerca de los meses de trabajo y malestar. Pero el ferrocarril se construyó. Se había atravesado las montañas. Se había colocado el último clavo.

THE PACIFIC RAILWAY.

Exercises Attending the Laying of the Last Rail at Promontory, Utah—Presentation of a Silver Spike—The Last Tie—Speeches and Despatches.

PROMONTORY, Utah, Tuesday, May 11.—In presenting the silver spike to Dr. Durant yesterday, in performance of his part in the exercises attending the laying of the last rail of the great Pacific Road, Hon. T. A. Tuttle, of Nevada, offered the following sentiment:

To the iron of the East and the gold of the West, Nevada adds her link of silver to span the Continent and wed the oceans.

Hon. A. K. Safford, Governor of Arizona, offered a spike of iron, silver, and gold, as an offering from

▲ Este artículo se publicó en el periódico *The World*, en la ciudad de Nueva York el 12 de mayo de 1869.

Los resultados

En seis años se terminó el ferrocarril Transcontinental, ¡ocho años menos de lo programado! Su costo total, aunque difícil de determinar con exactitud, se calcula en unos $125 millones, unos $1.6 mil millones en la actualidad.

La ruta final del ferrocarril Transcontinental resultó algo diferente a la planeada. Debido a varias dificultades al colocar los rieles, fue necesario hacer **desviaciones**.

Este mapa no sólo muestra la ruta del Central Pacific, sino que señala las distancias entre las principales paradas de la ruta y sus altitudes . ▼

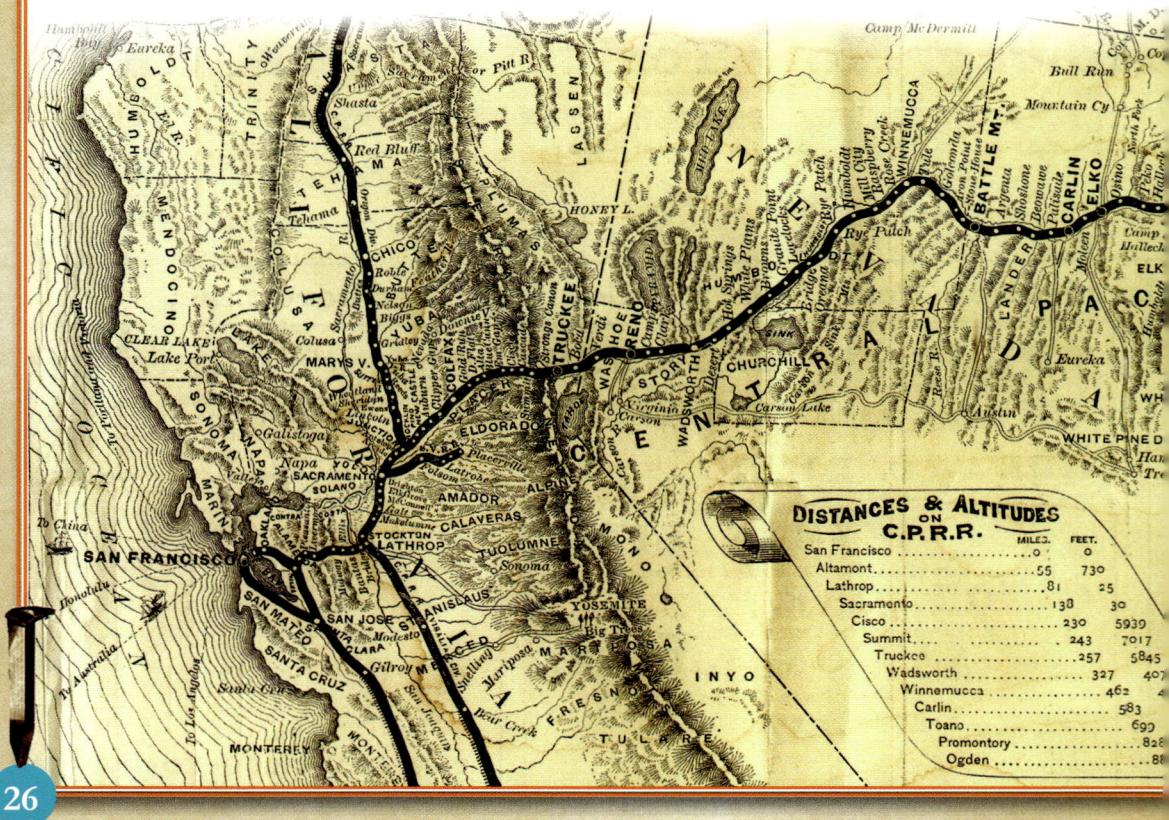

DISTANCES & ALTITUDES ON C.P.R.R.		
	MILES.	FEET.
San Francisco	0	0
Altamont	55	730
Lathrop	81	25
Sacramento	138	30
Cisco	230	5939
Summit	243	7017
Truckee	257	5845
Wadsworth	327	407
Winnemucca	462	4
Carlin	583	
Toano	699	
Promontory	828	
Ogden	88	

A veces se puede encontrar una forma más fácil de cruzar un río. A veces es más fácil construir si se sigue un paso entre las montañas, aunque la ruta tenga unas millas más de largo.

Los críticos del Union Pacific decían que algunas de las desviaciones que hicieron no eran necesarias. Acusaban a los administradores de hacer un gran esfuerzo por colocar más rieles para obtener más dinero y tierra del gobierno.

▲ En carteles y periódicos se publicaron anuncios del servicio transcontinental.

Mientras el Union Pacific y el Central Pacific construían el ferrocarril Transcontinental, se convirtieron en las dos corporaciones más importantes del país. Las personas que financiaron los ferrocarriles supieron desde un principio que había dos formas de ganar dinero. Podían ganar dinero construyendo el ferrocarril y podían ganar dinero administrándolo.

✔ ¡Revísalo!

Piénsalo

Imagina que todas las personas de los Estados Unidos pesaran lo mismo. También imagina que pudieras equilibrar el país en un palo como un malabarista equilibra un plato giratorio. El centro de población es el punto en donde el país se equilibraría a la perfección. Este mapa indica el centro de población. ¿Por qué piensas que el centro de población se desplazó tanto hacia el oeste después de la inauguración del ferrocarril transcontinental?

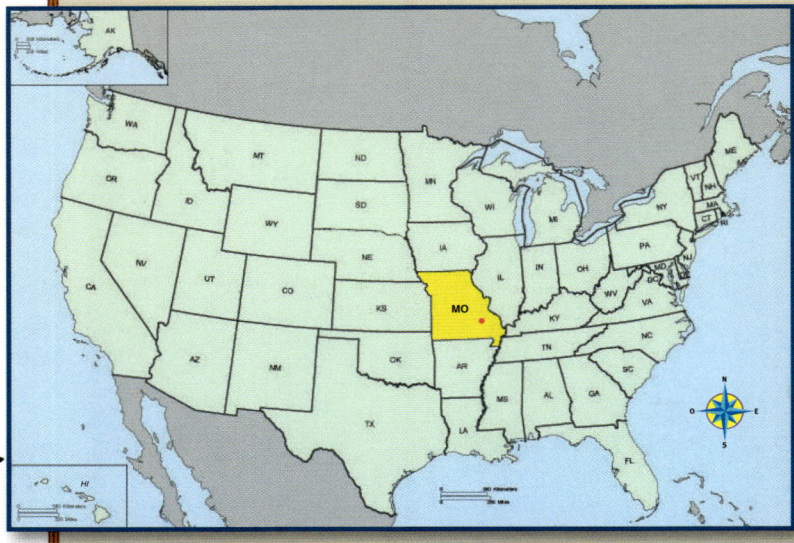

En este mapa se muestra el centro de población actual de los Estados Unidos.

Cuando Theodore Judah fundó el Central Pacific tenía como interés principal el propio ferrocarril. Creía en los beneficios que traería como el medio de transporte más rápido que había disponible. Las personas que encontró al principio para financiar el ferrocarril, antes de que llegara el dinero del gobierno, se hicieron famosas como los "Cuatro grandes". Ellos eran Leland Stanford, Collis Huntington, Charles Crocker y Mark Hopkins. Todos ganaron una gran cantidad de dinero.

Los encargados del Union Pacific fueron Thomas Durant, el congresista Oakes Ames y Oliver Ames. Igual que los "Cuatro grandes" del Central Pacific, Durant y los hermanos Ames pusieron el dinero necesario para empezar la construcción del ferrocarril antes de que el dinero del gobierno estuviera disponible.

¡ES UN HECHO!

Los ferrocarriles cambiaron la forma en que las personas medían el tiempo. Antes de que se construyeran, cada comunidad tenía su propia hora, que era algo diferente a la hora de la comunidad vecina. Los ferrocarriles necesitaban un tiempo en común para que se pudieran publicar los itinerarios de las llegadas y salidas de los trenes. Entonces se establecieron los cuatro husos horarios de los Estados Unidos.

▲ Este mapa muestra cuatro de los husos horarios estándar de los Estados Unidos. ¿Vives en uno de estos husos horarios?

Gracias al ferrocarril transcontinental, el Oeste estuvo disponible para muchas personas. Viajar por el país no sólo era más rápido, sino más barato y seguro. Las personas podían cruzar el país para visitar a sus amigos, o en busca de nuevos lugares en donde vivir y de nuevas oportunidades.

El ferrocarril también provocó que las personas pensaran en los Estados Unidos como un solo país que se extendía "del mar al reluciente mar". El país era enorme, sus distancias inmensas, pero el ferrocarril había reducido esas distancias. Como las cuadrillas habían colgado una línea de telégrafo a lo largo del ferrocarril mientras lo construían, las personas podían comunicarse incluso cuando estaban muy lejos. Esta forma barata y sencilla de viajar junto con la rápida comunicación unió a la nación.

El ferrocarril transcontinental hizo más fácil la transportación de personas y bienes. También sirvió para colonizar el Oeste. ▼